Deborah Blake
Ilustrado por Elisabeth Alba

O ORÁCULO MÁGICO DOS Animais Familiares das Bruxas

A Sabedoria dos Animais Domésticos, Selvagens e Fantásticos com Mensagens Poderosas para sua Vida Diária

Tradução
Carolina Itimura de Camargo

Editora Pensamento
SÃO PAULO

O ORÁCULO MÁGICO DOS

Animais Familiares das Bruxas

Título do original: *Everyday Witch's Familiar's Oracle*.

1ª edição 2025.

O *kit O Oráculo Mágico dos Animais Familiares das Bruxas* consiste em uma caixa com um baralho de 40 cartas coloridas e um livro em brochura.

Design do livro: Rebecca Zins.

Editor: Adilson Silva Ramachandra
Gerente editorial: Roseli de S. Ferraz
Gerente de produção editorial: Indiara Faria Kayo
Preparação de originais: Marta Almeida de Sá
Editoração eletrônica: Cauê Veroneze Rosa
Revisão: Bárbara Parente

Direitos de tradução para o Brasil adquiridos com exclusividade pela EDITORA PENSAMENTO-CULTRIX LTDA., que se reserva a propriedade literária desta tradução.
Rua Dr. Mário Vicente, 368 – 04270-000 – São Paulo – SP – Fone: (11) 2066-9000
http://www.editorapensamento.com.br
E-mail: atendimento@editorapensamento.com.br
Foi feito o depósito legal.

Dados Internacionais de Catalogação na Publicação (CIP)
(Câmara Brasileira do Livro, SP, Brasil)

Blake, Deborah
O oráculo mágico dos animais familiares das bruxas: a sabedoria dos animais domésticos, selvagens e fantásticos com mensagens poderosas para sua vida diária / Deborah Blake ; ilustração Elisabeth Alba ; tradução Carolina Itimura de Camargo. -- 1. ed. -- São Paulo : Editora Pensamento, 2025.
Título original: Everyday witch's familiar's oracle.
ISBN 978-85-315-2443-1
1. Animais 2. Baralho 3. Bruxaria 4. Esoterismo 5. Oráculos 6. Wicca I. Alba, Elisabeth. II. Título.
25-277337 CDD-133.3242

Índices para catálogo sistemático:
1. Baralho : Cartomancia : Artes adivinhatórias 133.3242
Eliete Marques da Silva - Bibliotecária - CRB-8/9380

SUMÁRIO

Introdução 9

Capítulo Um
Como Usar Este Baralho 11

Capítulo Dois
Sobre as Cartas 15

Capítulo Três
Familiares, Guias e Protetores 19

Capítulo Quatro
Exemplos de Tiragens 23

Capítulo Cinco
As Cartas 29

Terra

Aterramento e Ações Práticas

1: O CÃO 31
2: O LOBO 33
3: O CAVALO 35
4: O URSO 37
5: O COELHO 39
6: A COBRA 41
7: O CERVO 43
8: O MACACO 45
9: O GUAXINIM 47

Ar

Raciocínio e Comunicação

1: O BEIJA-FLOR 49
2: O MORCEGO 51
3: O CORVO 53
4: A CORUJA 55
5: A ABELHA 57
6: A BORBOLETA-MONARCA 59
7: A LIBÉLULA 61
8: A ARANHA 63
9: OS PERIQUITOS-NAMORADOS 65

Fogo

Criatividade e Paixão

1: O GATO 67

2: A LEOA 69

3: O GUEPARDO 71

4: O GALO 73

5: O VAGA-LUME 75

6: O CAMALEÃO 77

7: O JAVALI 79

8: O GAVIÃO 81

9: A RAPOSA 83

Água

Mudança e Movimento

1: O GOLFINHO 85

2: A TARTARUGA MARINHA 87

3: O SAPO 89

4: A CARPA 91

5: O PINGUIM 93

6: A GARÇA 95

7: O POLVO 97

8: A LONTRA 99

9: O CASTOR 101

Espirito

Misticismo e Magia

1: O DRAGÃO 103

2: O UNICÓRNIO 105

3: A FÊNIX 107

4: A ESFINGE 109

CONCLUSÃO 110

SOBRE A AUTORA

SOBRE A ILUSTRADORA

INTRODUÇÃO

Seja bem-vindo ao *Oráculo Mágico dos Animais Familiares das Bruxas*! Este baralho foi criado pela mesma dupla dinâmica que produziu *Everyday Witch Tarot* e o *Everyday Witch Oracle* – a autora Deborah Blake e a ilustradora Elisabeth Alba. Desta vez, elas trabalharam juntas para trazer algo bem diferente: um baralho focado em animais, em vez de pessoas.

Não porque não gostam de pessoas (ou da maioria delas, pelo menos), mas porque gostam muito, *muito mesmo*, de animais. Deborah tem muitos gatos e Elisabeth tem um cachorro saltitante – e eles são ótimos companheiros. Para as bruxas, as interações com animais podem ir muito além da generosidade de compartilhar o lar (e a cama e a comida).

Tanto animais selvagens quanto domésticos podem ser familiares, guias e protetores. Eles podem nos trazer mensagens dos deuses, inspiração para viver a vida ou oferecer uma pata amiga – ou uma asa, uma nadadeira, um casco... para nos guiar ao longo de nosso caminho. Este baralho foi criado para ajudar você a navegar por todas e quaisquer dessas contribuições animais, além de ser bonito e divertido.

As cartas estão divididas em grupos que representam os cinco elementos – Terra, Ar, Fogo, Água e Espírito –, que englobam algumas criaturas mágicas, além das mais mundanas. Afinal, nunca se sabe de onde a inspiração vai vir, não é mesmo?

Desejamos que este oráculo seja útil e divertido para você, e mal podemos esperar para saber quais animais foram os seus favoritos!

1

Como Usar Este Baralho

Como sempre, a resposta sobre como usar este baralho é: "Do jeito que você quiser!". Em geral, a maioria das pessoas usa cartas para inspiração, orientações ou por pura e simples diversão. Os oráculos são mais fáceis de usar do que as de tarô, pois não há regras de verdade para usá-las e não há uma curva de aprendizado. Apenas tire-as da caixa e escolha uma carta do monte. *Voilà*!

É claro que você pode embaralhá-las (ou não), espalhá-las sobre a mesa, segurá-las nas mãos ou até colocá-las num saco de tecido e tirar uma ou mais de uma para obter resposta a uma pergunta ou para ver o que é preciso saber em um determinado dia. Claro, a decisão é sua, e você pode usar as cartas durante algum tempo para descobrir o que funciona melhor para você.

Há algumas formas simples de jogar listadas mais adiante no livro, mas a maioria das pessoas usa o oráculo tirando uma carta de cada vez. Se o significado da carta não ficar claro de imediato, talvez colocá-la em algum lugar visível possa ajudar, como sobre um altar ou fixada na geladeira. Reflita sobre a carta por um tempo, ou talvez espere um dia ou dois e tente de novo. Além disso, é claro, o significado geral de cada animal pode ser encontrado neste livro, junto a algumas interpretações possíveis para cada carta.

É divertido tirar uma carta por dia durante um mês e anotar o significado dela em um diário ou em seu Livro das Sombras. Observe se há um padrão nas cartas que você tira (só cartas da terra ou um determinado número de cartas que indiquem mudanças ou a necessidade de descanso, por exemplo). É possível que elas estejam tentando dizer algo.

As cartas neste baralho trazem duas sugestões de interpretação: adivinhação e mensagens. A "adivinhação" dá a resposta mística para qualquer pergunta que você faça, ao passo que a "mensagem" é a orientação que o animal em si poderia sugerir para a sua situação. Em muitos casos, ambas estão conectadas. É possível usar uma ou ambas ao mesmo tempo, se isso fizer sentido para você, ou você pode interpretar o animal de uma maneira bem diferente, de acordo com a própria intuição ou com seu contexto cultural. As cartas podem até ter significados distintos em dias diferentes, de acordo com o que está acontecendo em sua vida.

Este baralho pode ser usado como parte de um ritual formal, seja por uma pessoa ou por um grupo. Meu *coven*, o Círculo da Lua Azul, muitas vezes, usa cartas durante as celebrações dos sabás para obter inspiração ou orientação. Também as usamos pelo simples fato de achá-las bonitas e divertidas. Se estiver praticando com outras pessoas, você pode passar o baralho de mão em mão pelo círculo e pedir que cada pessoa tire uma carta (para si ou para a pessoa ao lado) e, então, diga, uma de cada vez, o que acha que o animal (ou o Universo) está tentando comunicar.

Isso também funciona em rituais praticados de forma individual, e as cartas podem ser integradas em atividades mágicas na Lua Cheia, na Lua Nova ou em qualquer outra ocasião que pareça apropriada. Caso você sinta necessidade de proteção ou de um aliado, pode tirar uma carta para ver que tipo se adequaria às suas necessidades em determinado momento. Se um animal aparecer várias vezes na vida real (como um guaxinim ou um corvo), recomenda-se que você verifique a carta correspondente para identificar se há uma mensagem específica aguardando-o.

É claro que as cartas podem ser usadas a qualquer momento, não apenas durante rituais. Algumas pessoas gostam de tirar uma carta de manhã para obter inspiração para o dia, ou apenas quando estão no clima para receber orientações ou um empurrãozinho na direção certa. Você também pode escolher uma carta em particular cuja mensagem ou qualidades se adéquem às suas necessidades num momento específico de sua vida e colocá-la em seu altar ou sob o seu travesseiro.

Você também pode deixar que os animais de estimação (gato, cachorro, passarinho ou qualquer outro bicho) escolham uma carta, espalhando o baralho e vendo qual delas eles tocam primeiro.

Os quatro animais místicos (dragão, unicórnio, fênix e esfinge) também têm suas qualidades para compartilhar e mensagens a oferecer. Você pode usar essas cartas da mesma maneira que usaria as de qualquer animal mais típico no baralho, ou guardá-las para atividades mágicas, se achar melhor.

Não existe uma forma errada de usar estas cartas, apenas o que é melhor para você num determinado momento ou durante uma situação específica. Vá em frente e experimente, e não se esqueça de abraçar a alegria e a sabedoria que se encontram nos mundos natural e mágico.

2

Sobre as Cartas

Assim como no *Everyday Witch Oracle Deck*, este baralho contém cartas que estão divididas com base nos quatro elementos: Terra, Ar, Fogo e Água. Desta vez, no entanto, há apenas nove cartas de cada um, mais quatro cartas do elemento Espírito. Achamos que seria divertido incluir alguns animais místicos além dos normais, afinal, estamos lidando com magia!

Não precisa prestar atenção nas categorias elementais, se não quiser, pois os animais basicamente falam por si próprios, mas, caso queira, os elementos são associados aos temas apresentados a seguir.

TERRA: aterramento, ações práticas, força

AR: raciocínio, comunicação, leveza, sabedoria

FOGO: paixão, emoção, flexibilidade, autoconfiança

ÁGUA: mudança, movimento, metamorfose

Entretanto, esta é só a ponta do *iceberg*, pois cada carta é uma representação individual das características próprias de cada bicho.

E, então, chegamos às cartas espirituais. Adoramos o processo de criá-las, embora tenha sido difícil reduzir a nossa lista de criaturas mitológicas favoritas a apenas quatro. No fim, decidimos escolher as que sentíamos que ofereceriam as contribuições mais úteis para o espírito familiar de uma bruxa.

DRAGÃO: poder místico

UNICÓRNIO: pureza e inocência

FÊNIX: renascimento, reencarnação e reinvenção

ESFINGE: busca de respostas

Como sempre, esses significados são apenas um ponto de partida. Siga a sua intuição e ouça o que as cartas têm a dizer a você. Deixe que os animais contem suas histórias e veja onde elas se encaixam em sua própria história. Animais e pessoas compartilham o mesmo mundo há muito tempo, e há mitos em todas as culturas relacionados ao que cada animal simboliza e às mensagens que eles trazem quando os vemos.

Da mitologia grega às *Fábulas de Esopo*, passando pelos mitos originários dos povos nativos americanos e africanos, os animais integram o folclore e as histórias que foram passadas de geração em geração e recontadas para crianças e adultos ao redor de uma fogueira. Estas cartas têm suas próprias histórias. Descubra exatamente o que cada uma significa para você e identifique seu lugar no mundo mágico.

3

Familiares, Guias e Protetores

Para quem trabalha com magia e o mundo místico, os animais podem ter muitos aspectos além de seu papel habitual como amados companheiros. Animais de diversas espécies são associados a bruxas há muito tempo como familiares (um fato que não deu muito certo para gatos pretos, embora, ao que parece, a maioria das pessoas esteja finalmente abandonando esta superstição). Muitas culturas também os viam como guias e protetores, tanto no plano mortal da existência quanto nas jornadas metafísicas do mundo espiritual.

Embora esses papéis tenham elementos em comum até certo ponto, também têm significados específicos, que podem trazer clareza quando se interpreta as cartas deste baralho. Também podem nos inspirar a escolher cartas específicas nas quais nos concentrar durante atividades mágicas ou meditação.

Os familiares são animais que ajudam as bruxas, reforçando seu poder enquanto elas executam um ritual ou outras tarefas mágicas. Em geral, um familiar tem uma relação particularmente próxima com a "sua" bruxa e, muitas vezes, pode ser encontrado por perto, mesmo quando não houver nada mágico acontecendo. Meu próprio familiar, a gata Magic, supervisionava todas as minhas atividades quando ainda estava comigo. Tenho certeza de que ela me ajudava com a escrita, também. Sempre que meu grupo fazia um ritual na minha sala de estar, ela entrava, cumprimentava a todos, andava ao redor do círculo e, então, se sentava embaixo do altar até terminarmos.

Nem todos os animais, nem mesmo todos os gatos, são familiares. É possível descobrir se o seu animal de estimação é um familiar se ele demonstrar um interesse incomum quando você executar atividades mágicas. Claro, é mais fácil detectar esse tipo de poder em alguns animais, como cães ou gatos. Se o seu familiar for uma cobra ou um lagarto, por exemplo, talvez seja necessário confiar em seu instinto.

Os guias são diferentes dos espíritos familiares, no sentido de que talvez não morem com você ou sequer existam em sua vida habitual (embora, às vezes, possa ser o caso, então, é melhor ficar de olho e prestar atenção em animais que aparecem com frequência). Os guias podem aparecer quando precisamos de suas contribuições específicas, como uma tartaruga marinha, por exemplo, quando se tem dificuldade de manter um pé em dois mundos diferentes ao mesmo tempo, ou um urso, quando se precisa de um lembrete para descansar e se recompor. Ou talvez eles nos acompanhem durante anos como nosso animal espiritual principal.

Se um animal começar a aparecer com frequência em sua vida de repente, seja em seu quintal, em sonhos ou durante sua jornada de meditação, esse animal, esse pássaro ou essa criatura pode estar por perto com o intuito de guiá-lo. Isso é um presente especial, e devemos apreciá-lo, e não fazer pouco caso dele. Esses guias podem ficar por perto por um breve período para lidar com uma situação ou uma questão específica, ou podem ficar ao seu lado pelo tempo que for necessário, sendo um dia substituídos por um animal diferente, conforme o seu caminho se deslocar e mudar.

Os animais também podem agir como protetores espirituais, defendendo você contra energias negativas e, às vezes, até contra seus próprios erros bem-intencionados. Há uns corvos que visitam meu quintal com frequência, muitas vezes, pousados nas árvores ou em grupos de três. Eles sempre me pareceram muito protetores, e eu fico feliz quando os vejo. Caso tenha problemas com pesadelos ou alguma questão difícil que faça com que se sinta vulnerável, além de tomar medidas práticas em sua vida mundana, talvez seja bom usar as cartas para invocar um protetor espiritual na forma animal.

Seja um familiar, um guia ou um protetor, os animais podem exercer papéis importantes em nossa prática mágica, assim como em nossa vida diária. Espero que este baralho auxilie a sua conexão com aqueles que forem mais adequados a você.

4

Exemplos de Tiragens

Se você é alguém que consulta cartas de tarô com frequência, talvez esteja acostumado com diferentes maneiras de jogar ou com tiragens diversas. Por exemplo, há a forma da Cruz Celta, que, em geral, usa dez cartas dispostas num padrão específico. As cartas, por outro lado, devem ser lidas uma de cada vez. Isso não significa que não possa tirar diversas cartas se estiver buscando mais informações do que você obteria usando apenas uma.

Você verá a seguir alguns exemplos possíveis de usar até quatro cartas diferentes numa leitura. Você pode embaralhar o *deck* e tirar uma carta do topo ou apenas espalhar todas as cartas sobre uma superfície (a maioria das pessoas faz uma longa fileira, mas também é possível espalhá-las de um modo mais amplo) e escolher a carta que o chamar. Caso seja o modo como armazena as cartas, você pode tirar uma de um saquinho especial. Se nenhuma carta parecer dizer "me escolha", tire uma ao acaso.

Também há momentos em que se pode usar uma carta específica de maneira proposital, em vez de selecionar uma ao acaso.

UMA CARTA

FAÇA UMA PERGUNTA: Este provavelmente é o modo mais comum de consultar uma única carta. Tire uma carta e, então, veja se a imagem ou a mensagem que ela carrega ressoa como uma resposta. A frequência com que isso acontece é surpreendente.

BUSQUE UM DIRECIONAMENTO: Seja de forma geral ("O que preciso saber hoje?") ou de maneira mais específica ("O que preciso saber para lidar melhor com determinada situação?"), uma carta, às vezes, pode indicar algo a que precisamos nos atentar.

INSPIRAÇÃO: Às vezes, precisamos de ajuda com a prática espiritual ou para enfrentar eventos da vida diária. Você pode tirar uma carta para obter inspiração e colocá-la num altar ou em algum lugar onde possa ser vista com frequência. Você também pode apenas ficar com a carta por um tempo e ver o que acontece.

FAMILIARIZE-SE COM O BARALHO: Quando você adquire um novo baralho, é interessante observar as cartas uma por uma, talvez olhar uma por dia e verificar o seu significado no livro para conhecê-la melhor. Isso pode facilitar suas futuras leituras ou o uso das cartas mais tarde.

MAGIA E RITUAL: As cartas são bem úteis para trabalhos mágicos e rituais. Você pode usá-las como um foco ou como um símbolo (as cartas de animais são bem apropriadas para isso) ou integrá-las ao trabalho de adivinhação como parte de um ritual ou de um feitiço maior.

APENAS POR DIVERSÃO: Você não precisa ter um propósito nem mesmo fazer uma pergunta para usar as cartas. Basta puxar uma carta e ver o que aparece.

DUAS CARTAS

PASSADO E PRESENTE: Caso esteja em busca de orientações para lidar com uma questão específica, é recomendável perguntar quais fatores do passado podem estar influenciando o presente. Você pode tirar as duas cartas em qualquer ordem. Escolha a carta do presente primeiro e, então, pergunte o que, do passado, está afetando a sua maneira de lidar com as situações agora, ou escolha a carta que representa o passado primeiro e a do presente em seguida. Só tenha claro em sua mente qual é qual.

CLAREZA: Às vezes, quando você tira uma carta para adivinhação ou para obter uma resposta a uma determinada pergunta, o significado não faz muito sentido logo de cara. Talvez seja bom tirar uma segunda carta para esclarecer e analisar as duas cartas juntas para ver se o sentido fica mais claro.

VÁRIAS PERGUNTAS: Caso você tenha duas perguntas ou uma pergunta de duas partes, recomenda-se que tire uma carta para cada uma delas. Por exemplo, se quiser saber "Devo aceitar este novo emprego ou é melhor ficar no meu trabalho atual?", talvez seja melhor tirar cartas separadas para obter respostas para cada aspecto da pergunta.

AGORA E O FUTURO: Às vezes, é importante observar o que está acontecendo hoje e os impactos que isso pode ter nos próximos dias. Neste caso, talvez seja bom tirar uma carta para representar a situação atual e uma para um possível resultado.

TRÊS CARTAS

PASSADO, PRESENTE E FUTURO: Pode ser útil analisar as influências do passado, o que está acontecendo no presente e o que isso pode significar no futuro, tudo ao mesmo tempo. Se quiser fazer a leitura assim, tire três cartas e leia-as de maneira individual e, depois, em conjunto, para ver se há um padrão. Por exemplo, talvez você tire um conjunto de cartas que indique isolamento no passado, foco nas outras pessoas no presente e a necessidade de dar mais atenção a si mesmo no futuro. As mensagens das cartas podem se combinar para esclarecer as formas como seus comportamentos ou seus hábitos influenciam sua vida de maneira contínua, para o bem ou para o mal.

INFORMAÇÕES GERAIS: Se você quiser ir mais fundo do que a leitura de uma ou duas cartas conseguiria, pode tentar tirar três cartas e, conforme descrito antes, analisar e ver se há mensagens que façam sentido juntas ou de maneira individual para a sua situação atual.

QUATRO CARTAS

OS ELEMENTOS: Divida o baralho em quatro montes, com todas as cartas de cada elemento juntas. (Apenas remova as cartas do espírito, deixando-as de lado.) Em seguida, embaralhe cada pilha e tire uma carta da terra, uma do ar e assim por diante. Analise as quatro cartas em conjunto e veja se há alguma mensagem que elas possam ter para você.

5

As Cartas

Terra
ATERRAMENTO E AÇÕES PRÁTICAS...31

Ar
RACIOCÍNIO E COMUNICAÇÃO...49

Fogo
CRIATIVIDADE E PAIXÃO...67

Água
MUDANÇA E MOVIMENTO...85

Espírito
MISTICISMO E MAGIA...103

HERBS

1

O Cão

Há milhares de anos, os cães deixaram seus irmãos, os lobos selvagens, e escolheram viver ao lado dos seres humanos. Esse acordo beneficiou ambas as espécies, e não é à toa que os cães, às vezes, são chamados de "o melhor amigo do homem". Leais, confiáveis e amorosos, eles podem nos ensinar muitas lições sobre relacionamentos com os outros e como ser um bom companheiro. Eles também nos lembram de brincar e estar presentes no momento, seja correndo atrás de uma bola, desfrutando de um petisco delicioso ou tirando uma soneca muito bem merecida.

Adivinhação A quem você oferece sua lealdade e seu amor? Essas pessoas são suas companheiras de verdade, merecem sua dedicação, ou não valorizam sua presença ao lado delas? O cachorro tem tudo a ver com companheirismo e fidelidade. Se for isso o que você procura, será que está buscando nos lugares certos? Você merece este vínculo sólido. Jamais se contente com menos do que isso em suas relações mais importantes.

Mensagem Não se esqueça de brincar, descansar e comer com gosto. Esteja presente no momento, seja passando tempo com outras pessoas ou relaxando sozinho. Você pode escolher ser agitado ou tranquilo, mas lembre-se dos benefícios de uma conexão com aqueles que estão dispostos a retribuir sua lealdade e sua amizade.

2

O Lobo

As pessoas têm uma impressão de que lobos solitários são fortes e independentes, porém, na natureza, eles tendem a prosperar mais quando fazem parte de uma alcateia. Os humanos também têm suas alcateias; às vezes, essas alcateias são compostas de amigos ou de familiares. Para as bruxas, talvez a alcateia seja o seu *coven*. Mesmo que você seja uma bruxa solitária, a comunidade pagã é sua alcateia. Por mais fortes que possamos ser sozinhos, quando nos unimos, nos fortalecemos ainda mais.

Adivinhação Esta carta pode estar lhe dizendo que você deve buscar sua alcateia – as pessoas que o tornam mais forte e despertam o melhor que há em você. Se estiver se sentindo perdido ou infeliz, talvez as pessoas com quem você tem passado tempo não façam parte da sua verdadeira alcateia. Talvez precise passar um tempo como um lobo solitário antes de estar pronto para encontrar a alcateia certa para você.

Mensagem Talvez o lobo esteja tentando lhe dizer que você deve libertar seu lado selvagem. Uive para a Lua. Corra pelo topo das colinas e esteja presente por inteiro em sua própria pele. Corra com sua alcateia e uive junto a ela. Afinal, é para isso que servem as alcateias.

3

O Cavalo

Os cavalos são a personificação da liberdade e da aventura, mesmo quando estão galopando num campo cercado, e não correndo livres pelas planícies. Eles nos fazem lembrar da alegria do movimento, de apenas correr ou dançar, pois podemos. Por que ficar parado quando se pode partir numa jornada, seja para perto, seja para longe? Deixe o espírito do cavalo movê-lo na direção certa para você.

Adivinhação Talvez seja hora de viver uma aventura, sair da zona de conforto e se desafiar a ir mais longe ou mais rápido ou fazer algo mais ativo do que de costume. Talvez esta carta queira encorajá-lo a aproveitar sua liberdade, não importa de que modo. Pode ser a simples liberdade de mudar a direção que se está seguindo.

Mensagem Movimentar-se é essencial para o bem-estar, seja um movimento físico para manter a saúde ou para avançar na vida. Será que você está muito parado? Está preso nos mesmos padrões? Está deixando que outra pessoa coloque uma cerca ao seu redor? É hora de se mexer!

4

O Urso

O urso é um animal poderoso, que anda a passos lentos, cuidando da própria vida, comendo, dormindo e zelando pela família. São conhecidos por sua capacidade de hibernar durante o inverno, aproveitando ao máximo a energia que armazenam nos meses mais quentes e usando-a o mais devagar possível enquanto o mundo está escuro e frio. Eles constroem tocas seguras e se escondem dentro delas até que seja a hora de voltar e se juntar ao mundo, por isso representam o descanso e o revigoramento.

Adivinhação Esta carta é uma dica não muito sutil de que é hora de desacelerar e se concentrar no que é importante para a própria sobrevivência e o bem-estar físico. Sua casa é um lugar seguro? Você sente que está obtendo tudo de que precisa para sobreviver aos dias, às semanas e aos meses adiante? Se não for assim, o que você pode fazer para mudar essa condição?

Mensagem É hora de fazer uma pausa, o momento de se afastar do mundo e de algumas atividades ou do agito em excesso. Durma mais, se puder, ou pelo menos descanse e sossegue. É preciso espaço para se aconchegar e se regenerar. O urso diz que vai protegê-lo enquanto isso.

5

O Coelho

Em muitas culturas, os coelhos simbolizam a fertilidade. As fêmeas são capazes de ter muitas ninhadas num mesmo ano, e cada ninhada pode ter vários filhotes. Se fizermos as contas, são muitos coelhos. É claro que a fertilidade não precisa ser literal. Também pode significar abundância, criatividade ou dar à luz algo novo ou produtivo.

Adivinhação Esta carta sugere que coisas boas estão chegando a você. Se tiver plantado sementes para planos ou projetos, eles podem, enfim, estar se concretizando. Também pode significar a fertilidade de fato, porém é mais que provável que o coelho esteja representando, neste caso, a prosperidade, o sucesso ou as realizações.

Mensagem Esta carta pode ser interpretada de duas maneiras, conforme sua situação ou o modo como você se sente a respeito de sua vida. Pode ser que o coelho esteja dizendo que a fertilidade e a abundância logo serão suas, ou pode ser um lembrete de que, se quiser colher os benefícios, primeiro, é preciso plantar as sementes. De quais sementes você precisa para criar a sua própria versão de um mundo fértil?

6

A Cobra

A cobra é uma criatura incrível. Ela desliza por muitos mundos, sobre a terra e debaixo dela. Também troca de pele, renovando-se várias vezes enquanto se desenvolve. Em muitas culturas, ela representa poderes de transformação e cura, graças a sua habilidade de abandonar sua camada externa, revelando uma nova versão interior de si, mais saudável e pronta para enfrentar o mundo.

Adivinhação É hora de mudança e transformação! Descubra o que o está impedindo e desapegue-se desse empecilho para poder se tornar sua nova e melhor versão. Pode ser um pouco doloroso se desfazer do velho, mas valerá a pena quando desvendar o que está por baixo. Você tem o poder de transformar sua vida, mesmo que isso signifique abandonar um mundo e avançar para um mundo novo.

Mensagem Todos nós temos a capacidade de crescer e de nos transformar. Na verdade, não existe avanço sem algum tipo de mudança, mas a maioria de nós resiste a abandonar o passado, pois temos medo do desconhecido que o futuro nos reserva. Permita-se ser flexível como a cobra, desfazendo-se do que não funciona mais para você, a fim de poder abraçar tudo o que funciona. Do que você está precisando se desapegar neste momento?

7

O Cervo

O cervo é um símbolo clássico de vigor e poder, uma força primitiva enraizada na terra, que vive em meio às árvores da floresta. Suas galhadas são sua coroa. Ele se impõe orgulhoso, de peito estufado e com os cascos plantados firmes no chão, seguro, consciente de que está no comando do seu domínio.

Adivinhação Agora é a hora de se posicionar com firmeza em relação aos problemas, às adversidades ou inseguranças. Você tem a força necessária para lidar com o que o mundo lançar em seu caminho, não importa o que seja. Essa força está na terra sob seus pés, em seu núcleo interior de poder. Você pode enfrentar qualquer desafio que esteja à sua espera. Invoque o deus Herne, que usa uma coroa de galhadas, ou abrace a própria energia primitiva que há em você.

Mensagem O cervo diz que você é o soberano de seu próprio reino, mesmo que não se sinta assim no momento. É um lembrete de que, se abraçar a própria força e poder interior, você pode enfrentar tudo o que a vida lançar em seu caminho, com graça e dignidade. Mantenha a cabeça erguida. Você consegue. Pergunte-se o que pode efetuar para fazer seu poder brilhar.

8

O Macaco

Os macacos são os parentes mais próximos dos humanos no mundo animal, mas nossos caminhos divergiram há muitos milhares de anos. Ainda assim, temos muito em comum. O macaco representa a habilidade de solucionar problemas com criatividade. Os macacos-prego, em particular, desenvolveram diversas maneiras de usar pedras como ferramentas, que incluem quebrar nozes ou atirar pedras como uma forma de flerte. Embora esse último exemplo não seja uma boa ideia para a maioria das pessoas, os macacos podem nos inspirar a ser criativos e usar o que tivermos à mão para alcançar nossos objetivos.

Adivinhação Esta carta sugere que é hora de usar a criatividade para lidar com quaisquer problemas que você tenha de enfrentar. Se o que está fazendo não estiver funcionando, tente ver as coisas por um ângulo diferente ou abordar o problema de uma maneira totalmente nova. Talvez descubra que o que considerava um problema, na verdade, é uma ferramenta potencial para a mudança, se você puder ser flexível o suficiente.

Mensagem Talvez esta carta queira indicar que você não está usando todas as ferramentas à sua disposição, ou talvez não as esteja usando no seu máximo potencial. Todo problema tem uma solução; só é preciso pensar na solução que funciona melhor para você. Com certeza, é mais simples do que você imagina. Quais instrumentos você tem e não está utilizando? E por que não os utiliza?

9

O Guaxinim

Com seu rosto mascarado fácil de ser identificado e suas patas ágeis, o guaxinim é uma perfeita representação da magia da terra. Esperto e engenhoso, esse mamífero se adapta a ambientes variados, consegue resolver problemas e se lembrar de soluções para tudo, e vive com muito prazer ao lado dos humanos, contanto que lhe forneçamos uma fonte de alimentos. Se você precisar de um animal para guiá-lo por situações ou épocas de mudanças, o guaxinim é uma boa escolha.

Adivinhação Esta carta sugere que agora é um momento de se voltar ao poder da terra com o intuito de obter aterramento, inspiração ou força. Caso precise de respostas para perguntas ou de soluções para problemas, tente praticar um pouco de magia da terra ou pedir ajuda ao espírito do guaxinim. Passe um tempo num ambiente externo em meio à natureza, se puder, ou faça alguma coisa que o conecte à energia da terra, como plantar algo ou trabalhar com ervas ou cristais.

Mensagem É hora de acessar a sua natureza adaptável e usar quaisquer recursos à sua disposição. Pense nas questões com as quais está lidando e tente encontrar uma solução analisando as situações de um ângulo diferente. Não importa qual é o problema, é possível resolvê-lo usando o cérebro ou as mãos, ou ambos. Assim como o guaxinim, de que maneira você pode acessar o poder da magia da terra em seu auxílio?

1

O Beija-Flor

O beija-flor representa a gratidão – em especial, pela natureza e por suas dádivas. Seu corpinho minúsculo parece incrivelmente robusto conforme ele voa de flor em flor, sempre em movimento enquanto sorve o néctar que a natureza produz para sustentá-lo. Se tiver a sorte de observar um beija-flor, suas cores belíssimas e vívidas vão elevar seu estado de espírito.

Adivinhação Esta carta é um bom lembrete para ser grato pelas bênçãos que você recebe e apreciar a energia do corpo conforme ele exerce o trabalho árduo de levá-lo de um lugar a outro. Pode ser uma sugestão para você prestar mais atenção ao mundo natural ao redor, apreciar as maravilhas que o cercam e talvez reservar um tempo para fazer uma pausa e sentir o aroma das flores.

Mensagem Há algo a que você não tem dado o devido valor? Às vezes, as pequenas bênçãos se perdem no cenário geral. Não se esqueça de agradecer – aos deuses, às pessoas que ajudam a sustentá-lo e à própria natureza. E compartilhe essas bênçãos com outras pessoas sempre que puder.

2

O Morcego

Os morcegos são seres mágicos de verdade; são os únicos mamíferos capazes de voar de fato, e são mais ágeis no ar do que a maioria dos pássaros. Os morcegos são criaturas noturnas, o que talvez seja uma das razões pelas quais algumas culturas os associam ao limiar entre o dia e a noite, a vida e a morte, e ao mundo dos sonhos em especial. Eles podem agir como protetores durante nosso sono, guiando-nos pelos estágios do sonho e oferecendo proteção contra pesadelos.

Adivinhação Esta carta pode ser um alerta para que você preste mais atenção aos sonhos. Imagens que se repetem podem estar tentando dizer algo, seja em forma de orientações ou avisos, seja por meio de uma simples reflexão a respeito de alguma questão que esteja consumindo sua mente. Se você conseguir identificar algo, talvez consiga dormir melhor ou até resolver um problema para o qual não encontrava uma solução.

Mensagem Sonhos são importantes, pois podem nos ajudar a processar as coisas no nível subconsciente. Você pode praticar sonhos lúcidos para aprender a controlá-los e fazê-los trabalhar a seu favor de uma maneira poderosa. Talvez também seja hora de praticar um pouco de magia de sonhos, como colocar um saquinho com amuletos de sonhos sob o travesseiro para sonhar com seu amor verdadeiro ou com o melhor caminho a se seguir. Os sonhos fazem parte da sua jornada mágica. Talvez seja hora de incorporar seu morcego interior e voar pela noite.

3

O Corvo

O corvo é um pássaro grande e preto, muitas vezes, confundido com sua prima, a gralha-preta, com quem compartilha diversas características, como uma inteligência surpreendente. Em muitas culturas, o corvo era respeitado como um mensageiro dos deuses e um portador de comunicação e sabedoria espiritual. Os corvos tendem a ser mais solitários do que as gralhas-pretas, por isso, se você avistar um corvo por perto, é bem provável que ele tenha uma mensagem para você.

Adivinhação Caso você faça uma pergunta para este oráculo e tire a carta do corvo, ela pode estar lhe dizendo para prestar atenção nas mensagens e nos sinais dos deuses ou escutar sua sabedoria interior. Também pode ser uma sugestão de que é preciso refletir bem a respeito da situação, conectando-se ao coração e à mente antes de partir para a ação.

Mensagem Não é preciso ver um corvo pessoalmente para receber a sabedoria de uma divindade ou de um espírito. Mantenha a mente aberta e esteja alerta para qualquer sinal que pareça importante. Mensagens podem aparecer de fontes inusitadas quando menos as esperamos: às vezes, quando mais precisamos. Alguém disse algo recentemente que o tocou de verdade? Você tem aquela sensação incômoda de que algo está passando despercebido? Talvez o corvo esteja tentando lhe dizer algo.

4

A Coruja

A coruja é uma caçadora noturna, que passa longas horas pousada imóvel e em silêncio, apenas esperando. Ela se camufla no ambiente, escondendo-se, à plena vista, até o momento certo de fazer um movimento ligeiro e decisivo. Solitária e inteligente, esta ave tem audição aguçada e visão binocular, e se adapta ao meio com uma flexibilidade espantosa. Com ela, podemos aprender paciência e imobilidade, bem como a sabedoria de esperar quando necessário.

Adivinhação Esta carta pode estar lhe dizendo para desacelerar ou parar totalmente se estiver tentando apressar uma situação que apenas ainda não está pronta. Tenha paciência. Pare e pense por um tempo em vez de agir. Esteja preparado para se mover depressa quando a situação mudar. Não chame atenção para si até o momento certo, e então entre em cena e faça o que precisa ser feito.

Mensagem Você está se sentindo frustrado e impaciente com algo que não pode mudar? Está lutando contra o impulso de fazer alguma coisa, mesmo não tendo certeza de que é o momento certo? Ouça seus instintos e espere em silêncio em vez disso. Seu momento está chegando. Às vezes, a paciência de fato é uma virtude, e ela compensa com um sucesso maior depois.

5

A Abelha

As abelhas não só são essenciais à polinização das plantas – como as plantações das quais dependemos para nos alimentar e sobreviver –, mas produzem mel e cera, ambos muito usados pelos humanos. Elas constroem as colmeias em que vivem e trabalham de forma cooperativa; cada abelha exerce seu próprio trabalho, especializado, do amanhecer ao pôr do sol. Se você sair para um jardim ou um campo durante o auge do verão, conseguirá ouvir o zunido da produtividade, literalmente.

Adivinhação Esta carta tem tudo a ver com produtividade e dedicação ao trabalho árduo. As abelhas dizem que é hora de se dedicar plenamente a um projeto, unindo forças com outras pessoas, se necessário, para alcançar seu objetivo. Agora, não é hora de descansar. Há muito a ser feito! Não se desanime se não estiver progredindo tão rápido quanto gostaria. Apenas continue trabalhando. Você vai chegar lá.

Mensagem Todos nós temos uma quantidade de energia limitada para dedicar às nossas tarefas diárias. Será que você está direcionando seus esforços ao lugar certo, ou está gastando tempo demais, permitindo que coisas pequenas o distraiam do trabalho que precisa ser feito? Talvez você esteja se dedicando à atividade errada ou não esteja dando o seu melhor. Esta carta sugere que você deve analisar e tentar descobrir o que afeta sua produtividade. Se não estiver satisfeito com seu desempenho, descubra o que pode mudar para ser mais eficiente e eficaz.

6

A Borboleta-Monarca

A borboleta-monarca é uma polinizadora essencial, que depende da planta asclépia, que é onde ela põe seus ovos e é o único alimento de suas larvas. Essas borboletas majestosas migram todos os anos, viajando por distâncias imensas para acasalar e pôr seus ovos, desafiando as probabilidades em sua missão para sobreviver. Elas são um símbolo de esperança e fé, e avistá-las pode animar nosso coração.

Adivinhação Esta carta pode estar lhe dizendo para aguentar firme, não importa o que esteja acontecendo em sua vida. Pode parecer que as oportunidades estão contra você, mas é preciso acreditar que tudo vai ficar bem no final. Às vezes, só temos a esperança e a fé para nos dar apoio, mas elas podem ser poderosas o suficiente para nos ajudar a atravessar longas distâncias e a vencer desafios difíceis em asas frágeis.

Mensagem A borboleta-monarca parece frágil e delicada, mas ela persevera em sua jornada apesar de tudo o que a vida lança em seu caminho. Você pode se conectar ao poder da esperança para persistir quando a situação parecer obscura. Encontre a luz e procure as coisas que alimentarão seu espírito. Será que você está se concentrando no lado positivo ou está vivendo apenas no lado negativo? É fácil perder a fé no mundo e em si mesmo, mas manter-se o mais positivo possível vale o esforço.

7

A Libélula

A libélula iridescente parece ser etérea e encantada, quase fantástica, o que a torna a representação perfeita da magia do ar. Suas asas transparentes se movem tão rápido que mal são visíveis, e ainda assim ela viaja por vastas distâncias, inclusive atravessando um oceano inteiro, apesar de sua aparente fragilidade. Como o ar em si, ela se move em todas as direções, quase ligeira demais para ser vista, delicada e poderosa ao mesmo tempo. Caso precise de um bicho para ajudá-lo a se conectar ao elemento Ar, tente trabalhar com a belíssima e mágica libélula.

Adivinhação Esta carta pode trazer a dádiva de uma leveza de espírito ou um sinal de que é hora de trabalhar com a magia do ar. Ela pode prever uma viagem rápida ou os ventos da mudança. Pode servir como um lembrete de que não importa quão fraco ou frágil se sinta, você é forte o suficiente para sobreviver às tempestades que a vida lança sobre você.

Mensagem Assim como o ar, a magia está em todos os lugares ao seu redor. Talvez seja mais fácil compreender a terra ou brincar com a água ou o fogo, mas o ar é fundamental, poderoso e, assim como a delicada libélula, muito mais forte do que parece. Volte-se para dentro de si com o intuito de encontrar a sua força interior ou use um pouco de magia do ar para ser auxiliado a encontrar seu caminho.

8

A Aranha

A aranha é capaz de criar teias complexas com a seda tecida por seu corpo. Ela é paciente, ágil e veloz, e as teias em si são incrivelmente fortes se considerarmos que parecem estruturas tão delicadas. Embora muitas pessoas se sintam incomodadas com elas, as aranhas são, na verdade, muito úteis e, salvo algumas exceções, inofensivas. Elas têm sido apresentadas na forma de diversos mitos, como na lenda grega de Atena e Aracne e no conto do astuto deus Anansi, da África Ocidental. Elas representam criatividade, em virtude de suas belas teias, cujos padrões nunca se repetem.

Adivinhação Se você tirar a carta da aranha, é possível que o Universo esteja lhe dizendo para ser mais criativo. A criatividade pode assumir formas diferentes, e só você poderá dizer qual é a forma certa para si mesmo – a escrita, a pintura, a olaria, a música e talvez até abordagens práticas, como carpintaria, por exemplo. Não importa qual é o empreendimento criativo que o atrai, agora é o momento de pôr o coração e a alma nessa atividade.

Mensagem A criatividade, assim como as teias de aranha, é totalmente individual. Será que você está permitindo que sua musa interior brilhe ou está dando desculpas, como falta de tempo ou de ideias, para reprimir seu estilo? Faça o que quiser e não permita que ninguém (nem mesmo seu crítico interior, que costuma ser mais severo que as pessoas ao seu redor) lhe diga que sua criação não é boa o suficiente. Pratique até melhorar ou faça só por diversão. A criatividade alimenta a alma. O que você tem feito para alimentar a sua?

9

Os Periquitos-Namorados

Os periquitos-namorados, ou agapórnis, são uma espécie de papagaio pequeno originária da África. São pássaros carinhosos e sociais, o que é fora do comum, e formam elos monogâmicos entre si. Em geral, os casais passam longos períodos pousados juntos (daí vem o seu nome) e sofrem em caso de separação. Essas aves simbolizam amor e formação de vínculos, no sentido romântico e de uma comunidade unida, pois vivem em pequenos grupos na natureza.

Adivinhação A carta dos periquitos-namorados pode indicar que o romance o encontrou ou está muito perto. Ela pode ser uma sugestão para nutrir as suas relações, em vez de fazer pouco caso delas. O amor assume diversas formas, mas todas exigem dedicação e generosidade emocional para prosperar. Se você estiver em busca de um parceiro ou uma parceira, talvez os periquitos-namorados estejam dispostos a guiá-lo, se você estiver pronto de fato para dar e receber um afeto duradouro.

Mensagem Há um relacionamento amoroso em sua vida que precisa de mais atenção? Se você for uma das pessoas sortudas que encontraram um amor para a vida toda, será que você e seu par estão passando tempo suficiente juntos? Caso a rotina diária esteja atrapalhando o amor, abra um pouco de espaço – literal e emocional – para permitir que ele prospere. Se tudo estiver bem, não se esqueça de reafirmar isso com frequência e com afeto sincero. Até os melhores relacionamentos precisam de tempo e dedicação para que funcionem.

1

O Gato

Sendo o único membro domesticado da família felina, qualquer pessoa que já tenha compartilhado o lar com um gato dirá que é difícil determinar com certeza quem está no comando. Os gatos são muito independentes, mas também podem ser meigos e acolhedores. São caçadores habilidosos, enxergam bem no escuro, têm uma audição aguçada e se comunicam por meio de diversos sons, de um rom-rom a um rugido. O gato preto é associado às bruxas com muita frequência, mas, não importa qual seja sua cor, os gatos simbolizam independência, magia e o mundo místico. Eles são o apogeu do espírito familiar de uma bruxa.

Adivinhação Esta carta pode estar lhe dizendo que é hora de mergulhar em sua atividade mágica de forma mais profunda, com ou sem um familiar felino. Exerça sua prática da maneira que funcionar melhor para você, seja lançando um feitiço, buscando conhecimento em livros ou em mestres ou apenas se conectando com a magia do mundo natural. Não permita que ninguém lhe diga que existe uma única forma de praticar magia. Assim como o gato, você é independente, mágico e tão manso quanto quiser ser.

Mensagem A magia está dentro de todos nós. Você está aproveitando a sua ao máximo? Explore seu lado místico e abrace sua independência e seu poder. Passe algum tempo na penumbra da noite e na escuridão, usando todos os sentidos para perceber o que está ao seu redor. Caso você se identifique como bruxa, encontre formas de manifestar isso para o mundo, mesmo se não quiser que os outros saibam. Viva a magia todos os dias.

2

A Leoa

Quando vemos leões, talvez venha à mente os machos enormes e impressionantes com suas jubas vistosas e rugidos estrondosos. Mas, na verdade, são as fêmeas que fazem a maior parte da caça para um grupo de leões, também conhecido como alcateia. Trabalhando em conjunto, as leoas dominam presas muito maiores que elas. Muitas vezes, elas ajudam a criar os filhotes de outros membros da alcateia, protegendo e amamentando os mais jovens. Por isso, elas são a representação perfeita do poder feminino.

Adivinhação **Todos nós temos um lado feminino, não importa o gênero com o qual nos identifiquemos. Esta carta é um bom lembrete para você se conectar com esses aspectos do seu ser, considerados femininos, seja nutrindo as pessoas amadas, seja defendendo com ferocidade aqueles que fazem parte de sua família extensa. Nutra os outros, proteja seu território ou apenas descanse ao Sol dando cabeçadas carinhosas. Deixe sua leoa interior rugir!**

Mensagem **A leoa é a representação máxima do poder feminino. Força é muito mais do que a mera força muscular. Você consegue trabalhar em conjunto com outras pessoas para alcançar objetivos positivos? Você defende o que acredita, auxiliando aqueles que não conseguem se defender? Não subestime o seu poder. E se alguém for tolo o bastante para pensar que você é fraco só porque é menor ou mais quieto, prove que essa pessoa está errada.**

3

O Guepardo

O guepardo é um felino selvagem de grande porte, conhecido por ser o animal mais veloz em terra, capaz de atingir velocidades de até 130 quilômetros por hora. Todo o seu corpo é desenvolvido para ser ágil e gracioso, com um coração poderoso, pulmões grandes e patas longas e musculosas. Este felino representa velocidade e movimentos ágeis, bem como foco num propósito. Se você precisar de alguma dessas qualidades, o guepardo é um bom animal espiritual para evocar.

Adivinhação Esta carta significa que é hora de se mover depressa. Se estiver quebrando a cabeça pensando se deve ou não fazer algo, o guepardo diz "vai, vai, vai". Sem hesitação, sem atrasos, apenas movendo-se adiante com seu propósito firme em sua mente, pronto para alcançar qualquer objetivo para o qual esteja trabalhando. O guepardo também pode indicar que há uma oportunidade a ser perdida caso você não a agarre de imediato. Mover-se depressa não significa que não se deve tomar cuidado por onde anda. Seja ágil, mas não imprudente, ou seu objetivo pode escapar por entre os dedos.

Mensagem Agora não é o momento de refletir. Se estiver inseguro a respeito de alguma questão, o guepardo sugere que você se mexa e se mova com propósito, perseguindo o sucesso em qualquer empreendimento que esteja caçando. Que partes de sua vida seriam beneficiadas pela velocidade e pela assertividade? Será que você não precisa abandonar um pouco de bagagem para poder se mover com mais agilidade? Talvez esta mensagem esteja lhe dizendo para entrar em forma, para poder se mover depressa quando for necessário.

4

O Galo

O galo é o macho da galinha e é (assim como muitas espécies) muito mais exibido do que suas parceiras fêmeas. Os galos tendem a ter uma plumagem colorida e impressionante, com longos rabos e penas brilhantes e pontudas no pescoço e nas costas. Eles desfilam como quem está no comando e são conhecidos pelo canto alto e estridente que emitem para receber o raiar do dia e anunciar algum perigo. São o ápice da autoconfiança, e não do tipo sutil.

Adivinhação Esta carta diz que devemos ser ruidosos e orgulhosos. Não esconda sua luz. É hora de mostrar a todos do que você é capaz, em vez de ser modesto e deixar que outras pessoas recebam o crédito pelo seu trabalho árduo e por sua dedicação. Estufe o peito, apareça, mostre do que você é feito com a cabeça erguida. Não há nada de errado em ter autoconfiança se você fez por merecê-la.

Mensagem Se você tirar esta carta, talvez seja o momento de analisar a maneira como se apresenta para o mundo e, sobretudo, o que você vê ao se olhar no espelho. É importante ser confiante em relação às próprias habilidades, mas nem sempre isso é fácil. Muitas vezes, as pessoas dizem para não nos gabarmos nem nos exibirmos, porém, ser confiante não significa que se deva bradar o quão incrível você é. A autoconfiança silenciosa pode nos levar longe. Acredite em si mesmo, e não haverá limite para o que possa alcançar.

5

O Vaga-Lume

Se você for uma pessoa de muita sorte, talvez já tenha presenciado a magia que se mostra numa noite de verão, quando é possível ver lampejos bruxuleantes de luz se acendendo e se apagando num prado, em meio às árvores e até no próprio quintal. Essas luzes encantadas são emitidas por vaga-lumes, também conhecidos como pirilampos, uma espécie de besouro cuja bioluminescência natural faz com que brilhem no escuro. Como fadas dançando na esfera mundana, os vaga-lumes são o símbolo perfeito da magia do fogo.

Adivinhação É hora de se conectar com a magia do fogo! Não é preciso ter vaga-lumes por perto para iluminar a escuridão. Acenda uma vela, dance ao redor de uma fogueira ou ligue algumas luminárias movidas a pilha. Cozinhar também conta como magia do fogo, em especial, se for feito com amor. Não subestime as formas como a magia do fogo pode ser usada.

Mensagem Será que você está deixando sua magia brilhar? Todos nós temos luminescência própria, embora talvez ela não seja tão óbvia como a do vaga-lume. Esta carta pode estar lhe dizendo que é hora de compartilhar sua luz com o mundo da maneira que fizer mais sentido para você. Talvez você precise direcionar seu brilho rumo a uma pessoa especial, assim como o vaga-lume usa sua luz para atrair um parceiro. Seja a magia. Seja a luz.

6

O Camaleão

O camaleão é um tipo de lagarto conhecido por sua habilidade de mudar a cor da pele, tanto para se defender (camuflando-se no ambiente) quanto para se comunicar com outros de sua espécie. Cientistas descobriram, há não muito tempo, que isso acontece por meio da manipulação de minúsculos nanocristais na camada superior da pele de um camaleão – ou talvez seja apenas magia? Camaleões representam a adaptabilidade, a flexibilidade e o dom de se camuflar quando é necessário.

Adivinhação Agora não é o momento de se destacar. Em vez disso, talvez seja melhor desaparecer na multidão. Continue cuidando da sua vida de modo discreto, enquanto ninguém está prestando atenção em você. Talvez o Universo esteja lhe dizendo para seguir o fluxo, adaptando-se às circunstâncias e sendo flexível diante dos inúmeros desafios da vida. Esteja disposto a mudar quando a situação ao seu redor se alterar, e tudo vai dar certo.

Mensagem Você está sendo flexível em suas atitudes ou em suas abordagens em relação à vida ou continua estagnado, recusando-se a mudar até mesmo quando a mudança é para melhor? Pode ser difícil mover-se de um padrão a outro, mas, às vezes, ser adaptável é a chave para o sucesso.

7

O Javali

O javali é um porco selvagem, muito maior e mais agressivo do que seus descendentes domesticados. Em alguns lugares, os machos podem chegar a pesar noventa quilos, sendo a maior parte disso puro músculo. É um animal feroz e combatente, por isso, muitas culturas o associam ao espírito guerreiro. Javalis simbolizam a ira justificada – não a mera fúria gratuita, mas o tipo que nos motiva a lutar por uma causa justa.

Adivinhação Esta carta é um sinal de que talvez seja hora de direcionar sua raiva a ações positivas. Não fique irritado. Mexa-se! Há muitas causas pelas quais vale a pena lutar, não importa o quanto desejemos ficar olhando de fora, sem nos envolver. Você não precisa dar o primeiro golpe, mas talvez precise ir em frente e defender aquilo em que acredita, seja por si mesmo ou por outras pessoas.

Mensagem Todos nós sentimos raiva de tempos em tempos. Será que sua raiva é apenas uma frustração em relação a outras pessoas, uma irritação com circunstâncias desagradáveis, ou será algo pelo qual vale a pena dedicar sua energia? Só você pode definir se sua raiva é justificada ou não. Certifique-se de liberar sua ira no mundo apenas se for atingir um objetivo que vale a pena.

8

O Gavião

O gavião é uma ave de rapina, de voo ágil e visão aguçada. Eles são conhecidos por sua maestria na caça, auxiliada por sua visão excepcional, que possibilita a percepção não apenas da faixa de luz visível como também da faixa de luz ultravioleta. No âmbito mágico, são associados a uma visão clara, tanto no sentido literal quanto no sentido de uma capacidade de ver as situações sem se distrair por emoções que possam enevoar a habilidade de enxergar as coisas como de fato são.

Adivinhação Esta carta é um lembrete para sermos observadores. Olhe o seu ambiente e as pessoas ao seu redor com uma visão clara. Será que há algo importante que você tem deixado passar porque sua visão está influenciada por emoções? Ou talvez porque você apenas não está atento? Se estiver em busca de respostas, é provável que elas estejam bem à sua frente. Você está disposto a enxergá-las?

Mensagem Jamais subestime sua capacidade de enxergar a verdade, mas também esteja disposto a procurar beleza em meio à feiura, ou possibilidades onde elas pareçam não existir. A visão é algo subjetivo; às vezes, só precisamos adquirir um pouco de perspectiva em relação a uma situação observando-a de um ponto de vista diferente. Tem certeza de que está vendo as coisas com clareza? Talvez seja hora de olhar de novo.

9

A Raposa

A raposa é uma parente distante do cachorro, do lobo e do coiote, mas é uma espécie distinta. Este animal esperto e brincalhão também é monogâmico, em geral, e bastante defensivo em relação aos filhotes. Por isso, e pela sua vívida cor avermelhada, as raposas representam a natureza apaixonada do fogo em todas as suas manifestações mais positivas.

Adivinhação Renda-se à paixão! Corra e brinque, dance e cante, saia à caça do que lhe proporciona alegria e satisfação. Trabalho é bom, mas não se esqueça de equilibrá-lo com socialização, interações afetuosas com pessoas amadas e atividades por puro lazer.

Mensagem Como a paixão se manifesta em sua vida? O que alimenta seu espírito e nutre seu coração? Será que você está se permitindo abraçar a alegria e o entusiasmo, ou está se escondendo numa toca, sozinho? Esta carta sugere que talvez seja hora de analisar esta pergunta e descobrir como você pode incorporar sua raposa interior.

1

O Golfinho

Os golfinhos são mamíferos aquáticos, conhecidos por sua graciosidade na água e por sua inteligência descomunal, que muitos acreditam se equiparar à dos humanos. Eles brincam, ensinam e cooperam entre si, e até sofrem o luto, pois são animais muito sociáveis. Os gregos cultuavam diversos mitos relacionados aos golfinhos; de fato, já houve muitos casos documentados de pessoas resgatadas por golfinhos. Eles simbolizam a assistência amigável prestada sem expectativas de recompensas.

Adivinhação **A assistência amigável é uma via de mão dupla. Se você tirou esta carta, é porque pode fazer algo para ajudar os outros – ou uma pessoa em particular –, e talvez agora seja a hora de se voluntariar e oferecer auxílio. Por outro lado, se alguém tem lhe oferecido ajuda, a qual você tem hesitado em aceitar por orgulho ou por sua determinação em lidar sozinho com a questão, considere apenas aceitar e agradecer.**

Mensagem **Oferecer e receber ajuda são aspectos importantes de fazer parte de uma comunidade e de uma sociedade. Siga o exemplo do golfinho e pense no que você pode fazer para dar assistência àqueles que precisam, mesmo que não receba nada em troca além da consciência de que deu uma mãozinha quando isso mais importava.**

2

A Tartaruga Marinha

As tartarugas marinhas passam a maior parte da vida no oceano, mas nascem em terra firme, e as fêmeas retornam à praia para pôr seus ovos. Portanto, elas têm um pé (ou uma nadadeira) em cada elemento. Embora sejam associadas sobretudo à água, essas criaturas também são da terra. Isso faz delas o símbolo perfeito da capacidade de ter mais de um aspecto e da necessidade de nutrir ambos.

Adivinhação Se você tem se sentido dividido entre dois mundos, esta carta pode estar lhe dizendo que não é preciso escolher entre eles. Busque formas de aproveitar o melhor de cada um, mesmo se um deles for mais dominante. Não deixe que ninguém faça essas escolhas por você.

Mensagem As tartarugas marinhas são lentas, porém fortes. Embora precisem subir à superfície para respirar, podem sobreviver por horas debaixo da água. Elas demoram bastante tempo para se desenvolver e, muitas vezes, migram por longas distâncias, em alguns momentos, atravessando águas turbulentas. A mensagem da tartaruga marinha é: seja forte, mas flexível. Você é um sobrevivente. Não há pressa. Tome o tempo que precisar para descobrir aonde está indo e o que almeja fazer.

3

O Sapo

O sapo é um anfíbio que vive na água e fora dela em fases diferentes de sua vida. Ele é conhecido pelas mudanças drásticas que sofre durante seu ciclo de vida, começando como um ovo colocado na água e, depois, se tornando um girino com guelras e uma cauda longa. Em determinado momento, passa por uma fase de transição em que desenvolve membros e pulmões, e as guelras e a cauda desaparecem. O sapo adulto vive na terra, embora ainda passe muito tempo na água. Ele simboliza a metamorfose.

Adivinhação Esta carta é uma indicação de que mudanças estão a caminho ou de que elas já estejam acontecendo. A transformação é inevitável, então, talvez seja melhor tentar apenas seguir o fluxo da forma mais graciosa possível. A metamorfose nem sempre é um processo confortável, mas o resultado final valerá a pena. Talvez as mudanças não sejam radicais, mas é provável que sejam importantes, portanto, preste atenção no que está acontecendo.

Mensagem Nós resistimos a mudanças porque temos medo de deixar algo familiar e confortável para abraçar algo novo, mas não existe crescimento sem mudanças. Se você tem se apegado ao passado ou a coisas que não servem mais para você – empregos, relacionamentos, crenças, padrões comportamentais, entre outras –, agora pode ser o momento de abraçar as mudanças e permitir se transformar em algo diferente. Não importa o que os outros pensem; tudo o que importa é que a metamorfose seja uma mudança para melhor. Quais áreas da sua vida precisam da magia do sapo?

4

A Carpa

Koi é uma espécie de carpa que vive em criadouros e é admirada por suas belíssimas cores, sua cauda e suas nadadeiras graciosas, que se assemelham a leques. Esses peixes podem ter uma ampla variedade de tons, e muitas pessoas os criam em lagos apropriados para carpas, desenvolvidos com o intuito de gerar um lugar tranquilo e atraente. Na cultura chinesa, essa carpa simboliza abundância, força e harmonia familiar, mas sua associação mais comum deriva do Japão, onde representa boa sorte e prosperidade.

Adivinhação Tirar esta carta é sempre algo positivo. Ela indica que coisas boas estão a caminho, embora seja impossível prever com exatidão que forma essas coisas assumirão em sua vida. Talvez você receba um ganho inesperado ou um presente repentino, ou talvez tenha um daqueles dias em que tudo se encaixa. Não importa o que seja, aprecie as experiências positivas que a carpa envia para você e, se puder, compartilhe-as com outras pessoas.

Mensagem A boa sorte e a prosperidade derivam não apenas do acaso, mas também de suas atitudes. Mantenha-se aberto às possibilidades que podem surgir em seu caminho e crie o máximo de oportunidades para que a sorte flua em sua direção. Abrace a beleza e a alegria, e veja o que acontece.

5

O Pinguim

Os pinguins fazem parte de um grupo de aves que não voam, cujas asas evoluíram e se tornaram nadadeiras; eles passam cerca da metade de seu tempo na água e a outra metade na terra. Embora sejam ágeis e graciosos na água, os pinguins podem parecer cômicos na terra, com sua coloração preta e branca semelhante a um *smoking* e seu andar bamboleante, que é a marca registrada da espécie. São criaturas muito sociáveis, que demonstram afeto e brincam com frequência, até com humanos. Eles deslizam pela neve e mergulham na água cheios de alegria, por isso simbolizam a felicidade mais pura e autêntica.

Adivinhação Esta carta diz: seja como o pinguim e viva com alegria em qualquer ambiente em que você se encontre. Não deixe que as circunstâncias ditem sua felicidade. Em vez disso, escolha brincar quando puder e compartilhe seu entusiasmo, seu deleite e bom humor com todos ao seu redor. Relaxe, divirta-se e receba a alegria dos prazeres simples da vida.

Mensagem Quando foi a última vez que você fez algo só pela alegria que isso traria, em vez de focar os benefícios resultantes de alguma forma ou as expectativas sobre si? A alegria é um componente importante de uma vida plena, e embora não se possa ficar o tempo todo deslizando de barriga sobre a neve, sempre é possível abrir espaço em sua vida para as coisas que lhe trazem um sorriso, melhoram o humor e enchem seu coração de felicidade.

6

A Garça

A garça é um pássaro belíssimo, que em geral pode ser encontrado perto da água, embora não consiga nadar de fato. Graciosas tanto na terra quanto em voo, com frequência, as garças podem ser vistas paradas por horas a fio. Em sua essência, são aves solitárias, e em muitas culturas sua paciência e sua tranquilidade levaram-nas a ser associadas à paz, à meditação e à contemplação silenciosa.

Adivinhação Tirar esta carta significa que você precisa fazer uma pausa para o espírito, buscando respostas em seu interior, em vez de olhar para o mundo exterior. Seja praticando meditação ou apenas reservando um tempo em seu dia para alguns momentos de silêncio, é benéfico, às vezes, ficar parado, em vez de correr para lá e para cá tentando cumprir tarefas. Mire a água, relaxe numa banheira ou ducha, ou apenas respire. Seu espírito agradecerá.

Mensagem Em nosso mundo agitado, pode ser difícil priorizar a si mesmo em vez dos outros ou reservar algum tempo para fazer nada em vez de tentar fazer tudo. No entanto, o movimento, as inquietações e as interações constantes podem ser mais exaustivos do que você imagina. Um intervalo de cinco minutos para se aterrar e se centralizar, uma caminhada curta durante o horário de almoço ou para relaxar depois do trabalho, ou até uma prática de yoga rápida para iniciar o dia podem restaurar a sua energia e o seu espírito, e são um merecido presente de você para si mesmo. O que você tem feito ultimamente para abraçar sua paz interior? Será que você está deixando a impaciência atrapalhar sua prática de atenção plena?

7

O Polvo

O polvo de oito tentáculos é notório por suas habilidades de se espremer em espaços apertados, de lançar um jato de tinta escura quando se sente ameaçado, de se camuflar mudando a cor da pele e por sua inteligência fora do comum. Este animal não apenas demonstrou ser capaz de resolver problemas como também provou ser capaz de brincar e usar ferramentas. Na mitologia, o Kraken era um monstro marinho gigante, provavelmente inspirado num polvo grande. Este molusco é um símbolo notável da magia da água.

Adivinhação A magia da água o chama, gesticulando com seus diversos membros. Se você não puder ir até o mar, tente andar na chuva ou visitar lagos ou mananciais sagrados. Faça sua própria água mágica deixando um pote de água à luz da Lua ou adicionando cristais nele. Se puder ir à praia, procure uma concha ou uma pedra especial e coloque-a num altar em sua casa que represente a magia da água. Se não puder, apenas encontre um símbolo que represente a magia da água para você e concentre-se nele.

Mensagem A magia da água pode assumir muitos formatos, e a água é um dos elementos mais fáceis de se abraçar. Você pode tomar um banho ou uma ducha e adicionar ervas mágicas com a intenção de alcançar quaisquer de seus objetivos. Se quiser se conectar com o seu polvo interior, coloque um pouco de sal marinho na água do seu banho ou use sais de banho coloridos. Abençoe e consagre um copo de água com intenções mágicas e beba essa água repleta de magia, permitindo que ela atue de dentro para fora.

8

A Lontra

As lontras são mamíferos que vivem perto da água; conforme a espécie, pode ser no mar ou em rios. Elas têm corpos longos e lustrosos, pernas curtas, patas com membranas interdigitais e conseguem prender a respiração debaixo da água. A maioria desses animais se alimenta de peixes e mariscos. Lontras são famosas por sua habilidade de usar pedras como ferramentas para abrir mariscos sobre a barriga. São mais conhecidas, no entanto, pela sua natureza brincalhona. Constroem tobogãs e os usam com divertida liberdade, bem como colecionam e brincam com pedras. Portanto, as lontras simbolizam um espírito brincalhão e uma afeição alegre.

Adivinhação **Esta carta pode ser uma pista sutil de que você deve dedicar mais tempo a brincadeiras, seja fazendo atividades individuais que trazem alegria (tobogãs, que tal?) ou se divertindo com jogos junto a outras pessoas por puro e simples entretenimento e lazer. Momentos de brincadeiras podem ser atividades educativas, bons exercícios ou um refresco para o espírito. Incorpore sua lontra interior e divirta-se!**

Mensagem **Quando foi a última vez que você fez algo pelo simples fato de ser divertido? Se não consegue se lembrar, é sinal de que faz tempo demais. Atividades sociais em grupo que envolvem brincadeiras são importantes para a saúde mental e ajudam a fortalecer os laços entre familiares e amigos. Equilíbrio é tudo na vida. Embora o trabalho seja importante, também é essencial relaxar e apenas se divertir.**

9

O Castor

O castor é um roedor semiaquático grande com incisivos distintamente longos, patas traseiras com membranas interdigitais, cauda larga e achatada e patas dianteiras semelhantes a mãos. Esses roedores vivem perto de lagos, lagoas, rios e mananciais de água doce, onde constroem barragens elaboradas com pedras, vegetação, lama e árvores que roeram. São mais conhecidos por sua natureza diligente, trabalhando em conjunto para criar barragens que não apenas servem como seus lares como também criam zonas úmidas, que servem de *habitat* para outras espécies. O castor representa trabalho em equipe, construção com propósito e produtividade.

Adivinhação **Se você tiver um objetivo ou um projeto em mente, talvez agora seja uma boa hora para começar a trabalhar nele ou intensificar seus esforços, mas não tente fazer isso sozinho. "A união faz a força", diz o ditado, e é melhor completar algumas tarefas com ajuda de outras pessoas. Encontre a sua equipe ou sua colônia e façam um plano para construir algo incrível juntos.**

Mensagem **Se há um trabalho grande a ser cumprido, em geral, é melhor reunir toda a ajuda que puder. Às vezes, pode ser que isso signifique se oferecer para ajudar outra pessoa que precise. É assim que uma comunidade funciona da melhor forma: com todos dispostos a fazer o necessário quando é necessário. Certifique-se de estar fazendo sua parte, mas também não tenha medo de pedir ajuda.**

1

O Dragão

Os dragões estão presentes na mitologia de quase todas as culturas ao redor do mundo, embora sua aparência varie entre os dragões que se assemelham a serpentes, da Ásia, e as criaturas mais familiares, aladas e que cospem fogo, do folclore europeu. São poderosos, perigosos, sábios e muitas vezes descritos como acumuladores de tesouros. No entanto, não importa em qual cultura você os encontre, os dragões são quase sempre associados a poderes místicos. Essas criaturas são a essência da magia, da fantasia e do mito.

Adivinhação **Caso seu espírito familiar seja um dragão, você tem um aliado muito poderoso. Recorra ao dragão quando precisar de energia e poder para realizar o impossível ou se estiver dando um mergulho profundo em sua jornada espiritual. Se esta carta aparecer para você, talvez seja uma sugestão para explorar a sabedoria mística ou encontrar seu próprio fogo e soprá-lo ao mundo.**

Mensagem **Não tenha medo de usar seu próprio poder mágico. Concentre-se em usar suas habilidades (mágicas ou não) e defenda o que é seu. Você é mais forte do que imagina. Abrace o fantástico. Quem pode dizer o que é real e o que não é? Incorpore seu dragão interior e deixe-o rugir!**

2

O Unicórnio

Há muito tempo o unicórnio vem sendo descrito em histórias como uma criatura semelhante a um cavalo, com um único chifre espiralado e cristalino no centro da testa. Diz-se que ele é capaz de purificar águas envenenadas e curar doenças, e é associado a tudo o que é raro e impalpável. Representando pureza e inocência, o unicórnio é a personificação máxima da impossibilidade fantástica.

Adivinhação Esta carta é uma sugestão não muito sutil para você se concentrar no bem que existe no mundo, não importa o quão impalpável isso, às vezes, possa parecer. Ainda há pureza se você souber procurar: em crianças ou animais, ou no coração daqueles que dão sem a expectativa de receber algo em troca. Se você precisa de cura, o unicórnio pode guiá-lo em direção às respostas que você procura, ou talvez apenas ofereça uma luz reconfortante na escuridão, brilhando como um farol de bondade e fé.

Mensagem Procure dentro de si sua melhor versão. Ela fica no centro de quem você é, brilhando em silêncio por baixo das camadas de dor e raiva ou das más experiências que todos nós acumulamos ao longo da vida. Use as dádivas de seu caminho espiritual para se reconectar com seu unicórnio interior – a parte de você que ainda tem intenções puras – e tente ao máximo compartilhar essa versão de si com o mundo.

3

A Fênix

A fênix é um pássaro imortal muito associado ao Sol. Diz-se que ela renasce das cinzas de sua própria morte, ardendo em gloriosas chamas, e então volta à vida. Em geral, é descrita como uma ave flamejante de cor vermelha e amarela, porém alguns mitos afirmam que ela é multicolorida como um pavão. Sua regeneração cíclica é um farol de esperança, representando renascimento e vida nova a partir das cinzas da vida antiga.

Adivinhação Muitas bruxas acreditam na reencarnação, a roda da vida que gira de forma contínua num ciclo de nascer, viver, morrer e renascer. Mesmo que não acredite em reencarnação, você pode acreditar na sua capacidade de mudar seu destino, abandonando tudo o que o prende e não funciona mais e renascendo das cinzas como uma pessoa nova, melhor e mais forte. Esta carta pode estar oferecendo esperança – ou, mais que isso, a sugestão de que agora é o momento de se reinventar.

Mensagem Se você tem passado por dificuldades ou está saindo de uma crise, esta é a oportunidade perfeita para abraçar a mudança e o crescimento pessoal. O que você precisaria fazer para renascer e começar de novo como uma nova versão de si? Você consegue, seja o que for. Pode parecer impossível, mas o espírito é se reerguer. Abra suas asas flamejantes e voe. Reinvente-se, mesmo que isso signifique incendiar por completo seu velho mundo, no sentido metafórico.

4

A Esfinge

A esfinge é uma criatura mística muitas vezes ilustrada com cabeça de humano, corpo de leão e asas de pássaro (com frequência, um falcão). Ela guarda as pirâmides, que contêm as tumbas de muitos grandes faraós. Também protegia a entrada da cidade grega Tebas, onde pedia que os viajantes decifrassem um enigma antes de permitir sua passagem, de acordo com a lenda. Esta criatura simboliza a busca por respostas, tanto metafísicas quanto mundanas, e o poder do conhecimento.

Adivinhação Se você estiver em busca de respostas para perguntas importantes, a esfinge pode sugerir que é preciso procurar num nível mais profundo ou explorar de forma mais ampla. Não presuma que a resposta fácil e mais óbvia é a correta, mas tenha fé em sua capacidade de encontrar a verdade, não importa o que seja. Nunca pare de aprender e se desenvolver, pois o conhecimento – de si mesmo e do mundo em geral – é poder.

Mensagem Muitas vezes, quando buscamos respostas para perguntas difíceis, ocorre que elas estão em algum lugar dentro de nós. Não tenha medo de olhar para as profundezas de si mesmo; em alguma medida, é provável que você já saiba do que precisa para encontrar as respostas. Às vezes, não queremos enxergar a verdade, pois é difícil ou dolorosa, mas talvez você se surpreenda com a paz que sentirá ao identificar a resposta para seus próprios enigmas.

CONCLUSÃO

Agora que você teve a chance de explorar este baralho e todas as criaturas maravilhosamente selvagens e peludas (ou com escamas ou penas) contidas nele, esperamos que tenha gostado de suas aventuras e o tenha achado útil e inspirador.

Qual é o seu animal favorito no baralho? Há algum que o atrai mais do que o restante, ou todos o atraem? Caso você perceba que está voltando à mesma carta repetidas vezes, talvez seja recomendável dedicar algum tempo para aprender mais sobre este determinado animal, seja por meio de pesquisa ou apenas passando algum tempo se conectando com a carta.

Pode ser que você tenha encontrado alguns velhos amigos por aqui (para Deborah, foi o gato e o dragão; para Elisabeth, o cão e a aranha) que o receberam e fizeram com que se sentisse em casa. Talvez você esteja revezando as cartas e explorando todas elas em sua jornada pelo oráculo. Não importa qual seja a sua abordagem, esperamos que estes animais – sejam eles mansos, selvagens ou mitológicos – tenham sido bons e verdadeiros companheiros em seu caminho diário.

Que eles lhe tragam muita sabedoria, iluminação, orientações – e, é claro, diversão.

Bênçãos do Universo,
Deborah & Elisabeth
e Koshka, Ember, Harry Dresden, Diana
e Lilibet, os gatos, e Rayo, o cão.

SOBRE A AUTORA

Deborah Blake é autora de mais de doze livros sobre bruxaria moderna, entre eles, *The Eclectic Witch's Book of Shadows*, *O Pequeno Livro da Magia dos Gatos* e *The Everyday Witch's Coven*, assim como os aclamados *Everyday Witch Tarot* e *Everyday Witch Oracle*. Também escreveu três séries de romance paranormal e um livro de fantasia urbana para o selo Berkley, bem como uma série de mistério sobre uma instituição de resgate animal em decadência. Deborah vive em uma fazenda de 140 anos no interior de Nova York com diversos gatos que supervisionam todas as suas atividades, tanto mágicas quanto mundanas. Ela pode ser encontrada em DeborahBlakeAuthor.com.

SOBRE A ILUSTRADORA

As obras fantásticas de Elisabeth Alba podem ser encontradas em revistas, jogos e livros, inclusive no *Llewellyn's Magical Almanac*. Depois de ter crescido na Pensilvânia e na Flórida e de ter vivido na cidade de Nova York, onde conquistou seu título de mestra na Escola de Artes Visuais, Elisabeth se estabeleceu no Oeste do estado de Massachusetts com seu marido, o ilustrador Scott Murphy, seus dois filhos e seu cão, Rayo. Quando não está envolvida com as criações à sua mesa, em geral, está lendo, visitando antiquários locais e museus, jogando jogos de tabuleiro, montando quebra-cabeças ou viajando. Costuma trabalhar com tinta, aquarela e guache. Encontre-a no Instagram, no Facebook, no X e em www.albaillustration.com.